大展好書　好書大展
品嘗好書　冠群可期

大展好書　好書大展
品嘗好書　冠群可期

老拳譜新編24

國術太極拳

吳圖南　著

大展出版社有限公司

策劃人語

本叢書重新編排的目的，旨在供各界武術愛好者鑒賞、研習和參考，以達弘揚國術，保存國粹，俾後學者不失真傳而已。

原書大多為中華民國時期的刊本，作者皆為各武術學派的嫡系傳人。他們遵從前人苦心孤詣遺留之術，恐久而湮沒，故集數十年習武之心得，公之於世。叢書內容豐富，樹義精當，文字淺顯，解釋詳明，並且附有動作圖片，實乃學習者空前之佳本。

原書有一些塗抹之處，並不完全正確，恐為收藏者之筆墨。因為著墨甚深，不易恢復原狀，並且尚有部分參考價值，故暫存其舊。另有個別字，疑為錯誤，因存其真，未敢遽改。我們只對有些顯著的錯誤之處做了一些修改的工作；對缺少目錄和編排不當的部分原版本，我們根據內容進行了加工、調整，使其更具合理性和可讀性。有個別原始版本，由於出版時間較早，保存時間長，存在殘頁和短頁的現象，雖經多方努力，仍沒有辦法補全，所幸者，就全書的整體而言，其收藏、參考、學習價值並沒有受到太大的影響。希望有收藏完整者鼎力補全，以裨益當世和後學，使我中華優秀傳統文化傳承不息。

為了更加方便廣大武術愛好者對老拳譜叢書的研究和閱讀，我們對叢書做了一些改進，並根據現代人的閱讀習慣，嘗試著做了斷句，以便於對照閱讀。

由於我們水平有限，失誤和疏漏之處在所難免，敬請讀者予以諒解。

序

老拳譜系列武術叢書第一輯出版時，許多百般呵護並關愛意源書社茁壯成長的武術界前輩和朋友們就一再鼓勵我行文為序，因非業內傳人，亦非社會名流，為避沽名釣譽之嫌一再婉拒，不敢為之。今值老拳譜叢書第二輯出版之際，舊事重提，深恐辜負武術界前輩和朋友們摯誠至愛之情，故冒天下之大不韙，草書數語，貽笑萬家。

千百年來，中華傳統武術已形成一種獨特的優秀文化，是中華民族優秀傳統文化的重要組成部分，它吸取了古典哲學、兵學法、天文學、中醫學、心理學等諸多學科的精華，形成了一個完善的獨具特色的人體運動學的科學理論體系，為提高人的生命品質和健康水準做出了巨大貢獻。

而今，資訊技術迅猛發展，世界各國優秀文化間的交流、借鑑、學習和應用已不再受時間、空間和距離的制約。二十一世紀是世界各國文化交匯融合、推動人類精神和物質文明高速發展的世紀，作為中華優秀傳統文化一部分的武術也必將受到世界各國人民的喜愛和重視。

在人們越來越珍視自身生命品質和健康水準的今天，中華傳統武術所特有的養生健身、啟智益悟、技擊自衛和陶冶性情的諸多功能將被越來越多的人們所瞭解、認識，並得到充分的運用。所以，保護傳承這一優秀的歷史文化遺產，交流推廣使其發揚光大，為人類探索生命科學的奧秘做出其應有的貢獻是擺在我們炎黃子孫面前一個新的課題。

長期以來，意源書社始終不渝地致力於傳統武術資料的發掘、收藏、整理和研究工作，與武術界的朋友們有著廣泛的接觸和交往，從中瞭解到歷代遺留下來的各種武術資料正面臨著破損、散佚的現狀，以及武術研究者和愛好者對它的渴求和珍愛，為了弘揚國術，我們決定把意源書社收藏的較為完整且具有較高參考價值的各種武術資料提供給山西科學技術出版社影印出版。

但由於意源書社偏處一隅，人員亦少，收藏量也非常微薄，僅憑我們的力量遠遠不能滿足廣大讀者的需求，故拋磚引玉，誠邀廣大武術界的朋友，群策群力，攜手合作，為振興中華傳統武術和保護歷史文化遺產盡我們最大的努力。

王占佛　草擬於并州

褚民誼先生
圃南兄惠存
褚民誼

吳鑑泉先生

著作者吳圖南肖像

褚序

太極拳者內家拳術之一種，最為平易而最能發達體育者也。其功用之偉，優點之多，殊非其他拳術所可企及。吾國拳術派別雖夥，要以太極拳為上乘。蓋拳術之本旨，在於鍛鍊身心，振奮精神。顧門類派別既異則名稱功用自殊。所謂外家之拳術，專以標新立異趨險驚奇為貴，則已失卻發達體育之本旨矣。

其真能身心兼修，學養並顧，而使老弱咸能練習，絕無流弊者，惟有太極拳耳。

以言養生，則能活動筋骨，鍛鍊身心，調和血氣，陶冶性情，所謂卻病延年，固非虛語。

以言功用，則能以靜制動，以柔克剛，以輕勝重，以順破逆。而姿勢平穩，動作緩和，猶其餘事。

且不傷筋力，演習既久，趣味盎然。故老幼咸宜，雖病夫亦能練習之。是故吾人提倡國術，應自提倡太極拳始。

吾人提倡國術之方針，在使國術科學化，太極拳則業經科學化之國術也。何以言之？科學化之國術，在合於力學與心理學；講究生理與衛生。而太極拳之動作，則為無數圜形，一圜之中，即為重心所在。或能處處立定腳跟，敵人之力雖極頑強，而能以逆來順受之法處之。迨敵人一力既出，重心已失，然後從而制之，故能舉重若輕，以柔克剛，此則深有得於力學者。

至言心理學，則太極拳不尚用力用氣，而尚用意。蓋因用力者笨，用氣者滯，用意則能使氣沈丹田，而不停滯於胸臆。力蓄於內，而不流露於外。非研究心理學深造有得者，曷克臻此。

至於生理與衛生，則衛生之運動，貴能適得其分際，無過與不及之弊。吾人之身體，貴能平均發達，生理則有一定之程序。是故劇烈之運動，每有害於健康者，以其運動太過，不合於生理自然發達之程序也。

太極拳則輕軟靈活，一動全身皆動，無偏頗之弊，無過與不及之害。故最合於生理之程序，與衛生之要旨焉。

吳君圖南，與徐君致一，同為吳鑑泉先生之高足。余由粵抵滬後，既識徐君致一矣。而於首都舉行國術考試時，更獲交吳君圖南。徐君既有《太極拳淺說》一書問世，其中精奧之理論，以淺顯之文筆出之，說理已極透澈，今吳君更著有《科學化的國術太極拳》一書，行將付梓，索序於余，余瀏覽一過，覺其對於太極拳與國術之關係，闡明不少。是其吾國國術科學化之肇端歟？則吳君之有裨於吾國國術前途豈淺鮮哉！因喜其對於余提倡國術科學化之旨趣相符合也，故樂為之序。

民國十八年二月十五日　褚民誼序
於上海中法國立工業專門學校

趙序

吳君圖南，予之同學友也。幼同遊戲，長共讀書，故對於吳君知之最深。吳君自幼工於文學，既入中學，始致志於國術，嘗謂同學曰：「中國欲求自強，非人人有尚武之精神不可，欲求人人有尚武之精神，非練習國術不可……」彼時同學皆非笑之，而不知吳君乃國術家中之先覺者。

民國甲子春，將去西山教學，乃謂予曰：「吾將從事國術之著作矣。」予亦笑之。迨百日後，即以手稿一巨冊視予，予駭之！展閱一過，則洋洋萬餘言，對於國術，已闡發無遺矣！予笑謂之曰：

「子之毅力，吾不如也！」已而吳君以是稿贈與其師吳鑑泉先生矣。惜乎至今尚未出版也。

吳君今歲入京，參加國考，考畢，即去浙江南潯中學校充任教師，到校後，兩月之間，竟於公餘，創此空前之傑作，《科學化的國術太極拳》一書。予拜讀一過，考其主旨，在喚起民眾，使全民均國術化，使國術科學化。

然吾國國術家能以科學方法治國術者，吳君其造端也。倘國術同志均能本吳君之方法，而研究之，予以為吾國國術界必能別開一新紀元。強族強國，其有賴乎！茲以《科學化的國術太極拳》行將付印，聊誌數語以贈之。

中華民國十七年十二月二十五日北平趙潤濤序於天津南開中學校

例言

（一）是書編輯時，承褚民誼先生給予修正，齊鐵恨先生給予校對，王時蔚先生給予攝影，故於卷首敬表謝忱！

（二）是書係余來任南潯中學教職後，偶憶科學化的國術，尚無專著，於是費時兩月，而草始成。正擬詳加刪訂，適值國術同志，函請付梓，督促甚急，是以中止。倉卒出書，疵謬不免，倘荷方家賜以　教言，無任感激！

（三）是書拳勢名目，多為國術專用名詞，深恐閱者不解其意，故以略釋說明之。

（四）「打虎勢」及「雙風貫耳」，在太極拳之故有名目內不載，乃後人增加者。余詳審二勢之動作，尚有可取處，故亦列入。

（五）是書攝影時，因身為西裝束縛，故姿勢未能盡美盡善，請閱者諒之！

國術太極拳目錄

第一章　太極拳總論

第一節　太極拳論

太極者，無極而生動靜之機；陰陽之母也。動之則分；靜之則合。無過不及，隨曲就伸。人剛我柔謂之走；我順人逆謂之黏；動急則急應謂之連；動緩則緩應謂之隨。雖變化萬端，而理為一貫，由著熟，而漸悟懂勁。由懂勁，而階及神明。然非用力之久，不能豁然貫通焉！

虛領頂勁。氣沈丹田。中立不依，乍隱乍現。左重則左必輕；

右重則右必輕。虛實兼到，仰高鑽堅。進之則長；退之則促。一羽不能加；蠅蟲不能落。人不知我；我獨知人。英雄所向無敵，蓋皆由於此也。

斯技旁門甚多。雖勢有區別，蓋不外乎壯欺弱，慢讓快耳！有力打無力，手慢讓手快。是皆先天自然之能，非關於學力而有為也。

察四兩撥千斤之句，顯非力勝，觀耄耋能禦眾之情，快何能為！惟立如平準；活似車輪。偏沈則隨；雙重則滯。每見數年純功，不能運化者率皆自為人制，雙重之病未悟耳！

欲避此病，須知陰陽，黏即是走，走即是黏，陰不離陽，陽不離陰，陽陰相濟，方為懂勁。懂勁後，愈練愈精。默識揣摩，漸至從心所欲。本是捨己從人，多誤捨近求遠。所謂：「差之毫釐，謬之千里。」學者不可不詳辨焉！是為論。

第二節　太極拳用功秘訣

一舉動周身俱要輕靈，猶須貫串，氣宜鼓盪，神宜內斂，無使有缺陷處，無使有凸凹處，無使有斷續處，其根在腳，發於腿，主宰於腰，形於手指，由腳而腿而腰，總要完整一氣，向前退後，乃能得機得勢，有不得機得勢處，身便散亂，其病必於腰腿求之。上下前後左右皆然，凡此皆是意，不在外面，有上即有下，有前即有後，有左即有右，如意欲向上，即寓下意。若將物掀起，而加以挫之之意，斯其根自斷，乃壞之速而無疑。

虛實宜分清楚，一處自有一虛實，處處總此一虛實，周身節節貫串，無令絲毫間斷耳！

第三節　太極拳行功心法

以心行氣，務令沈著，乃能收斂入骨。以氣運身，務令順遂，乃能便利從心。精神能提得起，則無遲重之虞，所謂頂頭懸是也。

意氣須換得靈，乃有圓活趣味，所謂變動虛實也。

發勁須沈著鬆靜，專主一方，立身須中正安舒，支撐八面，行氣如九曲珠，無微不利，氣遍身軀之謂也。

運勁如百煉鋼，何堅不摧，形如搏兔之鵠；神似捕鼠之貓，靜如山岳，動似江河。

蓄勁如開弓，發勁如放箭，曲中求直，蓄而後發，力由脊發，步隨身換，收即是放，斷而復連，往復須有摺疊，進退須有轉換，極柔軟然後極堅硬；能呼吸然後能靈活。

氣以直養而無害，勁以曲蓄而有餘，心為令，氣為旗，腰為纛，先求開展後求緊湊，乃可臻於縝密矣！

一動無有不動，一靜無有不靜，牽動往來，氣貼背斂入脊骨，內固精神，外示安逸，邁步如貓行，運勁如抽絲，全身意在蓄神，不在氣，在氣則滯，有氣者無力，有力者無氣，無氣者純剛，即得乾行健之理，所以氣如車輪，腰如車軸也。

先在心，後在身，以心行氣斂入骨，神舒體靜，刻刻在心切記！

第四節　太極十三勢歌

十三總勢莫輕視，命意源頭在腰隙，變轉虛實須留意，氣遍身軀不稍滯，靜中觸動動猶靜，因敵變化示神奇，勢勢留心揆用意，得來工夫不顯遲。

刻刻留心在腰間，腹內鬆靜氣騰然，尾閭正中神貫頂，滿身輕利頂頭懸，仔細留心向推求，屈伸開合聽自由，入門引路須口授，工夫無息法自修。

若言體用何為準？準意氣君來骨肉臣。想推用意終何在！延年益壽不老春。歌兮歌兮百四十，字字真切義無遺，若不向此推求去，枉費工夫貽歎息！

第五節　太極拳十六關要說明

活潑於腰，靈機於頂，神通於背；流行於氣，行之於腿；蹬之於足；運之於掌；足之於指；斂之於髓，達之於神；凝之於耳；息之於鼻；呼吸於腹；縱之於膝；渾噩一身；發之於毛。

第六節　太極拳主宰賓輔說明

腰脊——為第一之主宰。

喉頭——為第二之主宰。

地心——為第三之主宰。

丹田——為第一之賓輔。

掌指——為第二之賓輔。

足掌——為第三之賓輔。

第二章　太極拳史略傳

第一節　許宣平傳

許宣平。唐，江南，徽州府，歙縣人也。隱城陽山，結簷南陽。身長七尺六寸，髯長至臍，髮長至足行及奔馬。每負薪於市中，獨吟曰：「負薪朝出賣，沽酒日夕歸，借問家何處穿雲入翠微。」

李白訪之不遇，題詩望仙橋而回。

所傳太極拳名三十七，因三十七勢而名之也。又名長拳因其滔滔無間也。宋遠橋受業焉。

第二節　李道子傳

李道子，唐，江南，安慶人也。嘗居武當山南岩宮，不火食，第啖麥麩數合。時人名之曰夫子李云。所傳太極拳名先天拳，亦名長拳。江南寧國府涇縣人俞清慧、俞一誠、俞蓮舟，……等受業焉。

第三節　程靈洗傳

程靈洗，字元滌。江南徽州府休寧人也。其太極拳受業於韓拱月先生。

侯景之亂，惟歙縣能保全者，皆靈洗之力也。梁元帝授以本郡太守，卒謚忠壯。

傳至程珌，改太極拳名為小九天。珌為紹興中進士，授昌化主簿，累官吏部尚書，拜翰林學士。卒，追封新安郡侯，以端明殿學士致仕。

珌居家時，常平糶以濟人，凡有利於民眾者，必盡心焉！著有《落水集》。

第四節　胡境子傳

胡境子，不知其姓氏，在揚州自稱之名也。宋仲殊受業焉。

仲殊，安州人也。嘗遊姑蘇臺，柱上倒書一絕云：「天長地久任悠悠，你既無心我亦休，浪跡天涯人不管，春風吹笛酒家樓。」

所傳太極拳名後天法，傳殷利亨。

第五節　張三豐列傳

先師張三豐，名通，字君實，先世為江西龍虎山人。祖父裕賢公，攜本支眷屬徙遼陽懿州，有子名居仁，亦名昌，字子安，號白山，即先師父也。壯負奇氣。元太宗收召人才，分三科取士，子安赴試，策論科入選。悉性素恬淡，無意仕宦。終其身於林下。定宗丁未夏，先師母林太夫人誕先師，時四月初九日子時也。

先師風姿奇異，龜形鶴骨，大耳圓睛。十二歲，始專究儒業，然過目便曉，並能會通大意。中統元年，舉茂才異等，二年稱文學才識，列名上聞，以備擢用，然非其素志也。
元甲子秋，遊燕京，時方定鼎於燕，詔令舊列文學才識者待用，棲遲於此，聞望日隆，始與平章政事廉公希憲識，公異其才，奏補中山博陵令，遂之官，政暇，遊葛洪山，相傳為稚川修煉處，因念一官蕭散，頗同勾漏，予豈不能似稚川哉？越明年，而丁艱矣！又數月，而報憂矣！先師遂絕仕進意，奉諱歸遼陽，終日哀毀，覓山之高潔者營厝，甫畢制居數載，乃束裝出遊，田產悉付族人，囑代掃墓。
挈二行童相隨，北抵燕趙，東至齊魯，南達韓魏，往來名山古剎，吟詠閒觀，且行且往，如是者幾三十年，均無所遇，乃西之秦隴，挹太華之氣，納太白之奇，走褒斜，度陳倉，見寶雞山澤，幽邃而清，乃就居焉！中有三尖山，三峯挺秀，蒼潤可喜，因自號為三豐居士云。

延祐元年，年六十七，始入終南，得遇火龍，傳以大道，遂更名玄素，一名玄化，合號玄玄子，別號昆陽，山居四載，功效寂然。

秦定甲子春，南至武當，調神九載，而道始成。於是湘雲巴雨之間，隱顯遨遊，又十餘歲，乃於至正初，由楚還遼陽省墓，訖。復之燕市，公卿故交，死亡已盡矣！

遂之西山，復至秦蜀，由荊楚之吳越，僑寓金陵，至正十九年仍還秦，居寶鷄金台觀。

又二年，元紀忽終，明運復啟，先師乃結奄於太和，故為瘋漢，人目為邋遢道人。

洪武十七年甲子，太祖以華夷賓服，詔求先師，不赴，二十五年，乃遁入雲南。

建文元年完璞子訪先師於武當，適從平越歸來，相得甚歡。

永樂四年，侍讀學士胡廣奏言，先師深通道法，拳技絕倫，五年丁亥，即命胡濙等遍遊天下訪之，十年壬辰，又命孫碧雲於武當建宮拜候，並致書相請，終不可得。

天順三年，英宗錫誥贈為通微顯化真人。

所傳太極拳名十三勢，一名長拳云。

第六節　王宗岳傳

王漁洋先生云：「拳勇之技，少林為外家，武當張三豐為內家。」三豐之後，有王宗岳者，西安人也，得先師真傳，名聞宇內，著作甚多，於太極拳中之奧理，闡發無遺，誠所謂經緯之才也。傳溫州陳州同，及河南蔣發。

第七節　南派名家略傳

太極拳自山陝傳入溫州，則浙東之地，能者日眾。後有海鹽張松溪者，南派中最著名者也。傳寧波葉繼美近泉。近泉傳單思南。思南又傳王征南。王征南來咸清順治中人。征南意氣忼慨，勇敢好義，明之末季，可稱獨步，黃宗羲甚器之，及征南卒，為之作墓誌銘，可謂愛慕之極矣！其門生黃百家主一，將征南之內家拳法筆之於書，以廣其傳，後傳至甘鳳池。鳳池後，不得其傳焉！

第八節　北派名家略傳

王宗岳既傳太極拳於河南蔣發，發又傳陳長興，長興係河南，懷慶府，陳家溝人也。其人立身中正，形似木雞，時人稱為牌位先生云。

有楊福魁露蟬者，直隸廣平府，永年縣人也。聞其名與同里李伯魁，同往受業，初至時，二人之外，均陳姓，異視之，二人刻苦求學，嘗夜不寢，先生見二人之好學，盡授其秘。遂名造一時，後露蟬先生遊京師，清王公貝勒多從之學，稱弟子焉。

先生有子三人，長名錡，夭亡。次名鈺，字班侯。三名鑑，字健侯，亦稱鏡湖。皆獲盛名。

健侯先生生子三人，長名兆熊，字夢祥，號少侯。次名兆元，早亡。三名兆清，字澄甫。均以技擊名於世。

初，露蟬先生客居京師時，得其傳者僅三人，吳全佑公甫，萬春，淩山。然承先生之命，均拜班侯之門。

公甫先生有子一人，名愛紳，字鑑泉。得太極真傳，名聞海內。有子二人，長名潤澤，字子鎮。次名潤濡，字雨亭。均善技擊。

公甫先生傳王茂齋，齊閣臣等數人。

鑑泉先生曾在京師教授太極拳二十餘年矣。得其傳者，在北方有北平吳圖南，趙元生，吳潤臣，趙壽椿，東錫珍，趙仲博，金雲峯，葛聲吾等數人耳。在南方者，有褚民誼，徐致一，王志群等數人。趙仲博又傳關傑三。均為國術專家。

楊夢祥先生在京師時，得其傳者，有海甸東潤芳，北平馬潤之、尤志學、田肇麟、烏拉布等數人。潤芳為人，慷慨好義。工詩文，善書畫，與同里韓久亭先生，均以文名。予時從潤芳先生游焉。

志學傳其姪尤廣聲金鐸。金鐸天資英挺，才氣過人。與予相交最久，惜乎已早年去世矣！未能將其心得，供諸於世，誠遺憾耳！

楊澄甫先生傳武滙川，陳微明等數人。

太極拳世系表

許宣平—宋遠橋

李道子—俞一誠
李道子—俞清慧
李道子—俞蓮舟

韓拱月—程靈洗—程珌

胡鏡子—宋仲殊—殷利亨

張三豐—王宗岳—陳州同—張松溪—葉近泉—

單思南—王征南—黃百家—甘鳳池

褚民誼
徐致一
王志羣

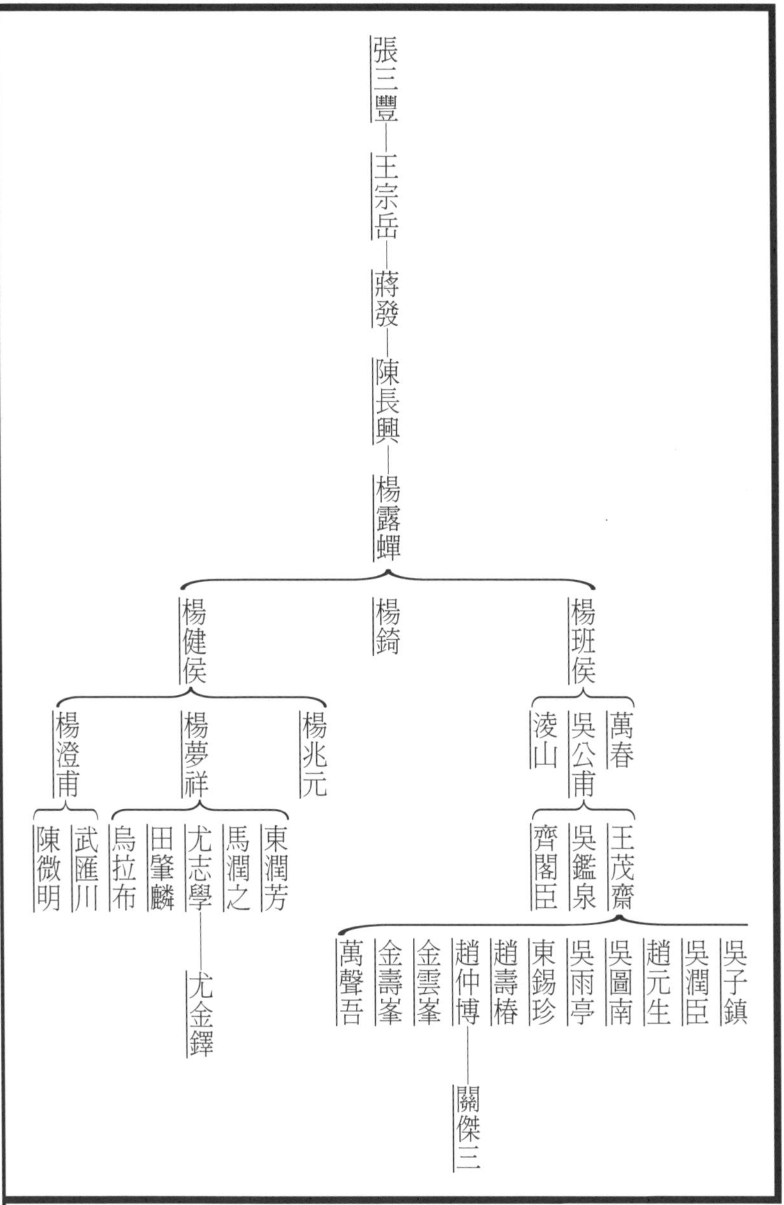
張三豐
王宗岳
蔣發
陳長興
楊露蟬
楊班侯
楊錡
楊健侯
萬春
吳公甫
淩山
楊兆元
楊夢祥
楊澄甫
王茂齋
吳鑑泉
齊閣臣
東潤芳
馬潤之
尤志學
田肇麟
烏拉布
武匯川
陳微明
尤金鐸
吳子鎮
吳潤臣
趙元生
吳圖南
吳雨亭
東錫珍
趙壽椿
趙仲博
金雲峯
金壽峯
萬聲吾
關傑三

第三章　太極拳勢說明

太極拳者，口授之學也。雖有名目，而姿勢應用，未有說明，是以往往一勢而姿態參差，無所適從。茲特於名目下擇要略加註釋；次依吾師之傳，作姿勢說明；再依予十餘載之經驗，作應用說明。但恐猶多不合。希海內明哲之士，不惜教言之幸！

開展之勢，便於初學，故是書之圖，均採用之。更假定太極拳所面之方為前，背為後，左為左，右為右，不論何勢均宗之。僅依十三勢之原有名目，循序作圖立說，以備好學之士，為入道之門焉。

方向圖

左後	左	左前
後	太極勢	前
右後	右	右前

太極勢

【略釋】太極勢者，動靜未分之謂也。作此勢時必須神舒體靜，心專於一，儼如天地未分，元氣混沌之象。

【姿勢說明】頭宜正，頸宜直，涵胸，拔背，裹襠，護臂，兩臂從容下垂，十指向前，掌心下按，但不用力。且平視，息之於鼻，凝之於耳，呼吸於腹，虛領頂勁，氣沈丹田，中立不依，乍隱乍現。感物而動，應物自然，兩足間之距離，以肩為度。

攬雀尾一

【略釋】攬雀尾，為太極拳動作之基礎，練之宜熟宜精，學者須注重焉。

【姿勢說明】左足前上一步，足根點地，足尖翹起，膝微曲，右足不動，而腿下踞，全體重心，均負右足，同時左臂向前，曲肱垂肘，五指向右，掌心向胸，作環狀上提，至胸前止。右手五指向上，掌心向前，亦提至胸前。掌心撫左肱以助之。至其頭，脛，胸，背……等之姿勢，與太極勢同，後倣此。

【應用說明】敵以雙手按我，我以左肱迎之，右手助之，用掤力以掤之。

攬雀尾二

【姿勢說明】左足尖向右前（即四十五度角）下落，膝曲而腿下踞，全體重心，移於左足，同時右足向右方（即九十度角）進一步，足根點地，足尖翹起，膝微曲，身亦隨之面右。同時右手立掌（五指向上掌心向前）垂肘，向右方伸出，至胸前止，左手亦立掌（五指向上掌心向後）垂肘，向右伸出，至右手與胸之間

止。惟右手大指，約與鼻齊、左手大指，則僅與喉齊耳。

【應用說明】敵以左手擊我，我向左微移，以洩其力，然後以右手進擊其胸。

攬雀尾三

【姿勢說明】右手左手向懷內擫，遂將右掌心向上轉，左掌心向下轉，如抱物下攬然，然後垂肘向右方伸出，右手中指，約與眉齊，左手中指，則撫右腕，惟須稍含按意耳。同時右尖下落，膝右弓（小腿宜直，股宜

平）。左腿蹬直，全體重心，移於右足，復將右手自右方向右後方旋轉半圓（即一百八十度角），左手隨之，至肩與胸之間止。同時左腿隨之下踞，右足尖依然翹起。全體重心，移於左足，然後右手立掌（五指向上掌心向右）垂肘，左手（五指向上掌心向左），指撫右腕，向右方按出，右臂微曲，掌與肩平，同時右膝右弓（小腿宜直股宜平），左腿蹬直（足根切莫離地），全體重心，移於右足。

【應用說明】敵擊我如偏左，我則擴之，如偏右，我則採之，敵力落空，即不得逞而我則東西北上下，無不如意。

單　鞭

【略釋】單鞭在禦敵之時，有以單手乘勢擊敵之作用。

【姿勢說明】右手下垂作鉤狀，同時右足根自左方向右後方旋轉，至與足尖成前後直線（即九十度角）止，然後左足向左方撤半步，左足尖自右方向前方旋轉，至左前方（即一百三十五度角）止。雙腿下踞（小腿宜直，左右股宜平）。同時右手鈎不動，左手立掌（五指向上）垂肘，自右而前，經過胸部，向左方伸出（即一百八十度角）。臂微曲，掌心向左，五指向上，身體隨之向前（即九十度角）。惟頭以目注左掌故，故向左方（即一百八十度角）。全體重心，移於兩足間之中點，蓋以身居中央也。

【應用說明】敵以右手擊

我，我身下踞以避其勢，迨其力落空，然後以左手向其胸部按之，敵倘抽身欲脫，我即因彼之力而順擊之。

提手上勢一

【略釋】 提手上勢者，向上提手，有若持物上舉者然，同時身體亦向前進步，故亦有進步上提手之稱。

【姿勢說明】 右足前一步（即九十角度），足根點地，足尖翹起，膝前曲，右足不動而腿下踞，全體重心，移於左足，同時右臂之鉤變掌（掌心向胸五指向左），曲肱垂肘而作環狀，移至胸前，左手立掌（掌心向前五指向上）按右肱以助其勢，

頭亦因之面前方（即九十度角）。

【應用說明】敵如以雙手按我，我以右肱迎之，左手助之，用掤力以掤之。

提手上勢二

【姿勢說明】右手橫掌（五指向左）上提，至頂上止，掌心自內而下而前旋轉，至向前上方（即一百二十五度角）止，左手（五指向前掌心向下）下按，至左胯側止，同時右足尖下落，右腿前弓，左足遂向前併步，與右足齊，身體直立，全體重心，移於兩足間

之中點。

【應用說明】敵如以雙手推我右肱，乃欲下按以避我左手，及雙手既避，則彼可制勝，但我可因彼按力，將右手丟開而上提，用腕部擊彼之頷部。

白鶴亮翅

【略釋】此勢之動作，兩臂向上高舉，左右兩分，恰如白鶴亮翅之狀，故名。

【姿勢說明】右手向左微移，左手（**五指向上掌心向前**）向左作環狀上提，然後右手右移，至頭上之右側

方止，左手（五指向右，掌心向前上方）至頭上之左側方止，掌心均向前上方。

【應用說明】敵如從左側方擊我，我以右手引之，彼力既出，必落空，我即乘機以左手順其力而擊之。

摟膝拗步一

【略釋】拗步者，不順之步，即進左步而右手前伸，或進右步而左手前伸也。摟膝則以手下摟拗步之膝之謂。

【姿勢說明】左足向左方開一步，身亦隨之左面（即九

十度角），然後左膝左弓（小腿宜直，股宜平），右腿蹬直，全體重心，移於左足，同時左手（五指向左，掌心向下）自鼻端而下，經胸前，由膝之左前方，向左後方摟左膝，至左胯側止，臂微曲，五指向左，掌心下按，右手（五指向左，掌心向後）自右耳側（掌心以幾與耳相擦為宜）向左方伸出，臂微曲，掌與肩平，五指向上，掌心向左。

【應用說明】敵之自左下方以右手擊我，我以左手向左外方摟之，彼力既空身必前傾，復進左足攔敵之右踵，而以右手進擊其胸。

摟膝拗步二

【姿勢說明】右足左上一步，膝左弓（小腿宜直，股宜平），左腿蹬直，全體重心移於右足，同時右手（五指向左，掌心向下）自膝之左後方，向左前方摟右膝，至右胯側止，臂微曲，五指向左，掌心下按，左手（五指向左，掌心向前）自左耳側（掌心以幾與耳相擦為宜）向左方伸出，臂微曲，掌與肩平，五指向上，掌心向左。

【應用說明】敵以左手自右下方擊我，我以右手向右外方摟之，然後進右足攔敵之左踵，而以左手進擊其胸。

摟膝拗步三

【姿勢說明】左足左上一步，膝左弓（小腿宜直，股宜平），右腿蹬直，全體重心移於左足，同時左手（五指向左，掌心向下）下摟左膝，至左胯側止，臂微曲，五指向左，掌心下按，右手（五指向左，掌心向後）自右耳側（掌心以幾與耳相擦為宜）向左方伸出，臂微曲，掌與肩平，五指向上，掌心向左。

【應用說明】敵自左下方以右手擊我，我以左手向左外方摟

之，然後進左足攔敵之右踵，而以右手進擊其胸。

手揮琵琶式一

【略釋】此勢之動作，兩手相抱，有如懷抱琵琶然，故名。

【姿勢說明】左足右撤半步，足根點地，足尖翹起，膝微曲，右腿下踞，全體重心移於右足，同時左手自左胯側向左作環狀提起，立掌（**五指向上，掌心向前**）垂肘移至胸前，右手亦立掌（**五指向上，掌心向後**）垂肘移至左手與胸之間，惟左手大指，約與鼻齊，右手大指，則僅與喉齊，身體依然左面。

【應用說明】敵以左手擊我，我用右手將彼吸起，敵若乘勢以右手進擊吾胸，我即因彼之力，以左手順搬其右臂。

手揮琵琶式二

【姿勢說明】左足向左後方（即四十五度）開半步，右足隨之併步，全體重心移於右足，同時左手右手自左而後，旋轉半圓（即一百八十度角），仍至原處止，惟左掌心向左下方，右掌心向右上方。左右手指，均向左方。

【應用說明】敵已為我吸起，如抽身欲逃，我即因其力進步推之，敵若乘我之推力，將右手抽

出，復自我之左後方來擊，則用左手向左後方擺之，彼力既空，然後用左手推之，右手輔之。

進步搬攔捶一

【略釋】進步搬攔捶者，向前進步，用手移開敵手，而阻敵人之前進，復乘勢以拳擊敵也。

【姿勢說明】左足左上一步，膝左弓，右腿蹬直，全體重心移於左足，同時左手（**五指向左，掌心向下**）右手（**五指向左，掌心向上**）隨身向左方伸出，左手中指約與眉齊，右手中指則撫左

腕，稍向左後方旋轉，然後左足尖翹起，足根點地，膝微曲，身體右移，右足不動，而腿下踞，全體重心移於右足，同時左手立掌（**五指向上，掌心向前**）垂肘移至胸前右握拳循腰帶右撤，至右脅側止，惟拳眼向上耳。身體依然左面。

【應用說明】敵以右手擊我，我以左手向右前方攌之，同時進左步阻敵之右踵，右手握拳，以待其變。

進步搬攔捶二

【姿勢說明】左足尖下落，膝左弓，右腿蹬直，全體重心移

於左足，同時左掌不動，右拳循左掌向左方伸出，臂微曲，拳與肩平，拳眼向上，左手指撫右肱，以助其勢。

【應用說明】敵抽右手欲逃，我即因彼之抽力，用拳進擊其胸。

如封似閉一

【略釋】如封似閉為封閉敵人之意。蓋禦敵之時，自衛而避敵，乘勢而擊敵。非避敵而不出擊也。

【姿勢說明】左足尖翹起，膝微曲，右足不動，而腿下踞，

全體重心移於右足，同時左手向右腋下伸出，五指向上，掌心向右，循右臂外而行，右手將拳變掌，徐徐向胸間撤回，左右手交叉至胸前時，然後左右各自分開手指向上，掌心向右，雙肘下垂，兩手間之距離，以肩為度。

【應用說明】敵以左手握我右肱，我以左手攔著敵手，而將右臂抽回，恐敵乘勢進擊吾胸，於是以左右手偽封之，以待其變。

如封似閉二

【姿勢說明】左足尖下落，

膝左弓，右腿蹬直，全體重心移於左足，同時左右手合掌向左方推出，臂微曲（雙臂），掌與肩平（雙掌），五指向上，掌心向左，兩掌間之距離，以肩為度。

【應用說明】敵以雙手推我，我左右分之，彼力既空，然後向彼胸間推之。

抱虎歸山一

【略釋】抱虎歸山者，謂敵之勢猛如虎。我乘勢，以手抱持而歸也。

【姿勢說明】雙手下落，至左膝之左右側止，然

後身轉向前（即九十度角），右足不動，左足向右併步，同時左手向左，右手向右，徐徐提起，至頂上止，掌手心相向交叉，右手前而左手後，然後交叉下落，至胸前止。全體重心移於兩足間之中點。

【應用說明】如敵欲分我雙手而進擊，我雙手下採敵力而吸引之。

抱虎歸山二

【姿勢說明】左足向左前方（即四十五度角）開半步，弓膝，右腿蹬直，身亦面向左

前方，全體重心移於左足，同時左手下摟左膝，至左胯側止，臂微曲，五指向左前方，掌心下按。右手提至右耳側止，五指向左前方，掌心幾與耳相接著。

【應用說明】敵自左前方以右手擊我，我以左手摟開，提起右手，以待其變，即所謂「彼不動己不動」也。

抱虎歸山三

【姿勢說明】身體自左前方而前方而右方旋轉之，至面右後方（即一百八十度角）止，然後右足向右後方邁半

步，弓膝，左腿蹬直，全體重心移於右足，同時右手下摟右膝，至右胯側止，臂微曲，五指向右後方，掌心下按，左手自左耳側向右後方伸出，臂微曲，五指向上，掌心向右後方。

【應用說明】 敵自脊背後以左手擊我，我即轉身，以右手摟開，用左手進擊其胸。

攬雀尾一

【略釋】 見前。

【姿勢說明】 右足向左前方撤回半步，足根點地，足尖翹起，膝微曲，左足不動，而腿下踞，全體重心移於左足，同時右手自右胯側，立掌（**五指向上，掌心向右前方**）垂肘作環狀提起，至胸前止。大指約與鼻齊，左手亦立掌（**五指向上，掌心向左後方**）垂肘移至右手與胸之間止，惟大指約與喉齊耳。

【應用說明】我以左手進擊敵胸，敵以胸相抗，我因彼之力而吸之，敵乃乘勢以左手上擊我頭，我用右手順其力攦之。

攬雀尾二

【姿勢說明】左右手合掌（右掌心向上，左掌心向下，指撫右腕）向懷內攦，然後向右後方伸出，同時右足尖下落，弓膝，左腿蹬直，全體重心移於右足，然後右手左手復由右後方而後而左，旋轉半圓（即一百八十度角），至左前方肩與胸之間止。同時右足尖依然翹起，左腿下踞，全體重心移於左足，然後右手立掌（五指向上，掌心向右後方）垂肘向右後方推出，臂微曲，五指向上，掌心向右後方，左手指撫右腕，掌心向左前方，同時右足尖下落，弓膝，左腿蹬直，全體重心移於右足。

【應用說明】敵以左手擊我，我以右手順握其臂，以冀乘勢致擊，敵乃因我之力，將左手抽出，復自我之右側方進攻，我乃採其力而推之。

斜單鞭

【略釋】斜單鞭者，單鞭勢所佔之方位斜向而不正也。

【姿勢說明】右掌下垂作鈎狀，右足根向右後方旋轉一直角（即九十度角），同時左足向左前方撤半步，右鈎不

動，左手立掌（五指向上）垂肘經胸前，向左前方伸出，臂微曲，五指向上，掌心向左前方，身亦隨之旋轉，至面右前方止，惟頭以目注右鈎故，仍面右後方，兩腿下踞，身居中央，全體重心移於兩足間之中點。

【應用說明】 當我應敵之際，忽有自後方來者，欲乘我之不備，以右手擊之背，我則將身下踞，以避其掌，而用左手進擊其胸。

肘底看捶

【略釋】 肘底看捶者，肘下看守以捶之謂。蓋禦敵之時，我以肘擊之，惟恐敵人乘勢由肘下進擊吾胸腹……各部，故以捶保護之。

【姿勢說明】 以左足為軸，右足提起，自右後方而右而前旋轉之，至右足與左足成前後直線止，身亦隨之左面，同時右鈎變掌（**五指向外，掌心向下**）隨身旋轉，自右後方而右而前而左，至後方止，左手自左前方而左而後，至右方止，然後左手握拳，循腰帶向左方伸出，折而上提至頭之左後方，肩之左方止，肘下垂與拳成垂直線，拳眼向右方，右手亦握拳，置左肘下，同時左足提起，向左前方邁半步，足根點地，足尖翹起，膝微曲，右腿下踞，全體重心，移於右足。

【應用說明】 敵之以右拳

擊我，我以左手攌之，彼力既空，身必前傾，然後用右拳以擊其脇。

倒攆猴一

【略釋】倒攆猴者，後退引敵也。猴遇人前撲，我既退而引之，猴必追擊，我遂乘勢襲擊其頭部。

【姿勢說明】左足右退一步，左腿蹬直，右足不動而弓膝，全體重心，仍負右足。同時左手立掌向左方伸出，掌與肩平，臂微曲，五指向上，掌心向

左，右手下摟右膝，至右胯側止，臂微曲，五指向左，掌心下接。

【應用說明】 敵來勢甚凶，我先後退以避，而乘勢以右手摟敵之手（或足），然後以左手迎擊其頭部。

倒攆猴二

【姿勢說明】 右足右退一步，右腿蹬直，左足不動而弓膝，全體重心，移於左足，同時左手下摟左膝，至左胯側止，臂微曲，五指向左，掌心下按，右手自右胯側提起，至右耳側止，然後向左方伸出，臂微曲，掌與

肩平，五指向上，掌心向左。

【應用說明】與前同。惟左右手互易其用。

倒攆猴三

姿勢與應用與倒攆猴一略同。

斜飛勢

【略釋】斜飛勢以其類似鳥之舉翅斜飛而名。

【姿勢說明】左足左上一步，弓膝，右腿蹬直，身左傾，而頭右顧，左手向左上方伸出，臂微曲，五指向左上方，掌心向右上方，右手向右下方伸

出，臂微曲，五指向右下方，掌心向左下方，左右手若鳥之斜展其翅，而飛舉然。全體重心移於左足，惟以右手稱之，目注之，身雖左傾，而不仆者，良以此也。

【應用說明】敵以右手擊我，我以左手攦之，彼力既空，身必前傾，敵懼其仆，退步欲脫，我則因彼力以左手穿其右腋下而擲之。

海底珍

【略釋】海底珍，亦作海底針，以手向下點刺之意。

【姿勢說明】左足右撤半步，足尖點地，膝微曲，右腿下踞，全

體重心移於右足，同時右手向胸前撤回，然後折而向左下方伸出，指尖下指，至膝下止（五指向下，掌心向後），左手自左胯側立掌垂肘，移至胸前，掌按右肱，五指向上，掌心向前。

【應用說明】我以右手引敵，乘其力鬆曳向下而點刺之。

山通背

【略釋】山通背者，其背勁一發，山亦難阻也。

【姿勢說明】左足左上半步，身體向前方，雙腿下踞，全體重心移於兩足間之中點，同時右臂向左提起，掌約與額

齊，五指向左，掌心向後，左手指撫右肱，亦隨之向左提起，掌約與鼻齊。然後右掌心由後而下而前旋轉之，至掌心向前止，而後右移，至頂上止，五指向左，掌心向前上方。左手立掌垂肘，向左平伸，臂微曲作環形，五指向右上方，掌心向前，頭稍左顧，目注左掌。

【應用說明】我以海底珍進擊，敵以右手猛擊我頭，我以右手刁而擺之，而以左手進擊敵脇。

撇身捶

【略釋】撇身捶者，敵自後方來擊，我將身撇開，而後以拳擊敵也。

【姿勢說明】雙手握拳，置於左脇下，身體稍向左移，而頭右顧，全體重心移於左足，然後右足向右後方開半步弓膝，左腿蹬直，身體面右方，同時右拳垂肘向右撇出，至胸之右後方止，拳與肘平，腕門向上，左手立掌（**五指向上，掌心向後**）垂肘移至胸前，至右拳之右上方止，身亦右傾，全體重心移於右足。

【應用說明】 敵之以右手自背後擊我，我撇身後轉，以洩其力，乃以右拳下攔敵腕而採之，倘敵抽臂欲逃，我即因其抽力而順擊之。

退步搬攔捶一

【略釋】退步搬攔捶者，向後退步，搬開敵手，攔阻敵人之前進，而後乘勢以拳擊敵也。

【姿勢說明】右足左退一步，膝曲而腿下踞，左足尖翹起，足根點地，膝微曲，全體重心，移於右足，同時右拳循腰帶左撤，至右脇側止，拳眼向上，左手立掌乘肘，隨身左撤，仍居胸前，身體依然面右，目注右方。

【應用說明】退步以洩敵力，復乘勢搬攔敵手以待其變。

退步搬攔捶二

【姿勢說明】左膝右弓，右腿蹬直，全體重心移於左足，同時右拳循左掌向右方伸出，臂微曲，拳與肩平，拳眼向上，左手指撫右肱，以助其勢。

【應用說明】方我搬攔敵手，敵抽身欲逃，我即因彼之力，以拳擊之。

上勢攬雀尾

與前攬雀尾三略同。

雲手一

【略釋】 雲手者，雙手動作如雲旋繞之狀。

【姿勢說明】 右膝右曲，左腿蹬直，全體重心，移於右足，同時右手變鈎為掌，向上提起，至頭之右上方止，五指向左上方，掌心向右上方，左手自左方下落，至小腹與臍之間止（**五指向右，掌心向上**）。然後向右方提起，至指撫右腕止，掌心仍向上方。

【應用說明】 敵自右方擊我，我以右手接彼之臂，向上托之，倘敵欲抽其臂，我即因其力而擲之，倘彼欲

用力下壓，我則上提而挒之。

雲手二

【姿勢說明】左膝左曲，右足向左併步，全體重心移於左足，同時左手提起，由右而上，至頂上止，然後掌心外播，向左方下落，至與肩成水平線止。臂微曲，五指向上，掌心向左。右手自右方而下，至小腹與臍之間止（**五指向左，掌心向上**）。然後左方提起，至指撫左腕止，惟掌心仍向上耳。

【應用說明】敵自左方擊我，我以左手向外擬之，然後擊敵之胸。

雲手三

【姿勢說明】左足左開一步，左腿蹬直，右膝右曲，全體重心，移於右足，同時右手向上提起，至頂上止，掌心外播，向右方下落，至掌與臂成水平線止。臂微曲，五指向上，掌心向右。左手自左方下落，至小腹與臍之間止，五指向右，掌心向上，然後向右方提起，至指撫右腕止，惟掌心仍向上耳。

【應用說明】敵自右方擊我，我以右手向外攦而擲之。

高探馬一

【略釋】高探馬者，身體向上探出，攀登如乘馬也。

【姿勢說明】右足右撤半步，足尖點地，足根提起，膝微曲，身體左面，全體重心，移於右足，同時左手掌心向上，垂肘右撤，至胸前止，右手掌心向下，自右而左，經胸前，至左手之左上方止，掌約與鼻齊。

【應用說明】敵擊我，我以左手擺之，右手迎擊其面。

左右分腳一

【略釋】左右分腳者，左右腳向左右分踢也。

【姿勢說明】左右手向右後方攦，雙手握拳，交叉於左脇側，右拳外，而左拳內，然後上提至頂，拳均變掌，左右分開右掌向左前方，左掌向右後方，兩臂幾成一線，臂均微曲，掌均與肩平，指均向上，同時右足提起，向左前方循右掌踢出，膝微曲，足指向上，足心向左前方。全體重心移於左足。

【應用說明】敵以左手擊我，我以右手向右後方攦之，敵上抽其臂，撤身欲逃，我順其上抽之力，以右手外抛其臂，乘其後撤之力，以右足前踢其身。

高探馬二

【姿勢說明】右足落地，膝微曲，左腿蹬直，全體重心移於右足，同時兩手握拳，內抱於胸前，腕門向胸，右拳外，而左拳內，然後左拳變掌，經右拳向左後方伸出，曲臂，垂肘，五指向上，掌心向左前方，右拳亦變掌，下移至胸前，五指向左，掌心向上。

【應用說明】敵以右手擊我，我以右手向右前方採之，更以左手進擊敵面。

左右分腳二

【姿勢說明】左右手向右前方攌，而後握拳交叉於右脇側，左拳外而右拳內，然後上提至頂，拳均變掌，左右分開，左掌向左後方，右掌向右前方，兩臂幾成一線，臂均微曲，指均向上，掌均與肩平，同時左右提起，向左後方循左掌踢出，膝微曲，足指向上，足心向左後方。

【應用說明】敵以右手擊我，我以左手向右前方攌之，倘敵臂上抗，我則順其力上拋，彼力既空，身必後傾，乃

乘勢以足踢之。

轉身蹬腳

【略釋】 轉身蹬腳者，將身後轉，以足前蹬而蹴敵。

【姿勢說明】 左右手握拳內抱，置於右脇下，左手外而右手內，同時左股不動，小腿下垂，以右足為軸，自左而後而右旋轉半圓，身體面右，然後雙拳變掌，提至頂上，左右分開，掌與肩平，左掌向右方，右掌向左方，兩臂微曲，幾成直線，指均向上，同時左足小

腿向右方蹬出，膝微曲，足指向上，足心向右。

【應用說明】敵自身後擊我，我轉身以迎之，更以左手上擊其面，敵必防其頭部，我遂以左腳蹬。

進步栽捶一

【略釋】進步栽捶者，向前進步，以捶下擊，有若將物植入地中然。

【姿勢說明】左足落地，膝右弓，右腿蹬直，全體重心移於左足，同時左手下摟左膝，至左胯側止，臂微曲，

五指向右，掌心下按，右手自右耳側向右方伸出，臂微曲，五指向上，掌心向右。

【應用說明】敵以右手摟我左腿，我將左腿下落，而以左手摟開敵手，以右手進擊其胸。

進步栽捶二

【姿勢說明】右足向右方開一步，膝右弓，左腿蹬直，全體重心移於右足，同時右手下摟右膝，至右胯側止，臂微曲，五指向右，掌心下按。左手向左耳側向右方伸出，臂微

曲，五指向上，掌心向右。

【應用說明】敵以左手擊我，我以右手摟開，而以左手進擊其胸。

進步栽捶三

【姿勢說明】左足右上一步，膝右弓，右腿蹬直，全體重心移於左足，同時右手自右耳側向右下方握拳擊之，左手下摟左膝，而後手撫右肱，以助其勢。

【應用說明】敵以右手擊我，我以左手摟開，以右手進取敵面，

敵乃以左手下摟我右手，我即順其力握拳而擊其腹。

翻身撇身捶

【略釋】翻身撇身捶者，敵自後方來擊，我翻身後轉，將身撇開，乘勢以拳擊敵也。

【姿勢說明】雙手握拳，移至左脇下，右手外而左手內，身體右傾，而頭左顧，然後自右而後而左旋轉半圓，同時左足不動而以之為軸，右足向左前方橫移半步，身體左面，右膝左弓，左腿蹬直，全體重心移於右足，同時右手握拳移於胸之左前方，與右肘平，腕門向上，左手立掌垂肘移於右拳前，五指向上，掌心向前。大指約與喉齊。

【應用說明】敵自背後以右手擊我，我撇轉己身以避之，復以右拳採其右臂，倘彼上抗，或向懷內抽之，我即因彼之力而順擊之。

高探馬

【略釋】見前。

【姿勢說明】左足向左後方開一步，弓膝，右腿蹬直，全體重心移於左足，同時左手掌心向上，五指向左，移至胸之左後方，與左肘平，右拳變掌，移至左掌之左上方，五指向上，掌心向後，大指約與喉齊。

【應用說明】敵自左後方擊我，我以左手擵之，敵力既

空，身必前傾，我乃以右手迎其面而擊之。

翻身二起腳

【略釋】 翻身二起腳者，向後翻身，左右腳相繼踢起也。

【姿勢說明】 左右手向右後方攌，而後握拳，置於左脇下，右手外而左手內，然後將兩拳變掌提至頂上，向左前方及右後方分擊，右掌向左前方，左掌向右後方，兩掌均與肩平，指均向上，同時左腿提起，向左方平踢，甫及落地，而右腳提起，循右掌而平踢之，膝微曲，足指向上，足

心向左前方。全體重心，移於左足。

【應用說明】敵以左手擊我，我以左手向右後方搌之，敵後撤其身，我則因彼之力以左足踢之，敵以右手下摟我左腿，我即將左腳下落。以右手向左前方拋敵左臂，而以右足平踢其脇部。

打虎勢一

【略釋】打虎勢者，以其形似而名。

【姿勢說明】右足向右前方撤回下落，左足亦向右前方開半步，足尖點地，足根提起。膝微曲，右腿下踞，全體重心移於右足。同時左右手合

掌，自頂上而下落，至胸前止，然後右手握拳下落，經腹脇各部，復上提至頭之前上方止，拳眼向下，腕門向左，左手亦握拳移至胸之左前方，與左肘平，拳眼向上，腕門向右，左右拳眼，務須上下相對，目注左方。

【應用說明】敵以右手擊我，我以右手攌之，以待其變，若蓄勁而備打虎然。

打虎勢二

【姿勢說明】左足向右後方開一步，右足亦向右後方開一步，同時左拳下落，復向上提，置於頂之後上方，拳眼

向下，腕門向左，右拳亦移至胸之左後方，與右肘平，拳眼向上，腕門向右，左右拳眼，務須上下相對，然後將右膝上提，與右肘相接，小腿下垂，全體重心移於左足，同時右手向左前方伸出。臂微曲，五指向上，掌心向左前方，左手向右後方伸出，臂微曲，五指向上，掌心向右後方，右足循右手向左前方踢出，膝微曲，足向指上，足心向左前方。

【應用說明】 敵以左手擊我，我以右手擺之，敵乃上抗而抽其臂，我即因其力而拋擲之，並以足踢其腹。

雙風貫耳

【略釋】 雙風貫耳者，以兩手擊敵雙耳，運用之速，有如風然。

【姿勢說明】右足向左前方開一步。弓膝，左腿蹬直。全體重心移於右足。同時左右手合掌由胸而下，至右膝之上方止。即握拳向前後兩方分開。由下而上，至與肩平止。然後雙臂均作環狀向左方運行，雙拳對峙，至胸前止。兩臂略成橢圓形。目注左方。

【應用說明】敵以雙手擊我胸部，我以手左右分開，復用雙拳進擊敵之雙耳。

披身踢腳

【略釋】披身踢腳者，將身側立，以足前踢也。

【姿勢說明】左右手握拳，交叉於右脇下，右拳外而左拳內。同時右足著地，全體重心移於右足，左膝上提，然後向左方踢出，膝微曲，足指向上，足心向左。同時左手向左方伸出，臂微曲，五指向上，掌心向左，右手向右方伸出，臂曲微，五指向上，掌心向右，但兩掌均與肩平，約成左右一直線。

【應用說明】敵以右手擊我，我以左手攦之，敵乃抽回而擊我頭，我即以左手外擲其臂，乘其身之後傾，以左足踢其右脇。

轉身蹬腳

【略釋】見前。

【姿勢說明】左右手握拳置於右脇側，右拳外而左拳內，同時左股不動，小腿下垂，以右足為軸，身體自左而前而右而後乃復向左，旋轉一周。然後左足落於右足之右後方。全體重心，移於左足。復將右手向左方伸出，

臂微曲，五指向上，掌心向左，左手向右方伸出，臂微曲，五指向上，掌心向右，同時右腿提起，向左循右掌踢出，膝微曲，足指向上，足心向左。

【應用說明】敵之自旁側擊我腹，我轉身以避之，敵更以左手擊我，我以右手外抛敵手，而以足乘勢踢之。

上步搬攔捶

略同前　進步搬攔捶。

野馬分鬃一

【略釋】野馬分鬃者，此勢前進之狀，有如野馬之奔馳，風吹其鬃，左右兩分也。

【姿勢說明】右足自右後方向右方開半步，足根點地。膝微曲，左足不動而腿下踞。全體重心移於左足，同時左右手均立掌垂肘移至胸前，右手五指向上，掌心向前，大指約與鼻齊，左手則五指向上，掌心向後，置於右手與胸之間，惟大指約與喉齊耳。然後右足向右後方開一步，弓膝，左腿蹬直，全體重心，移於右足。同時右手掌心向上，五指向右，向右後方伸出，大指約與眉齊。左手掌心向下，五指向右，向前方伸出，大指約與胯齊，惟面向前方，目注左掌。

【應用說明】 敵以左手擊我，我以左手採之，敵後抽其臂，以

避前仆，我則順其力而進右足，攔敵左踵，以右手自敵之左腋下穿出而擲之。

野馬分鬃二

【姿勢說明】左足向右前方開一步，弓膝，右腿蹬直，全體重心移於左足，同時左手掌心向上，五指向右，向右前方伸出大指約與眉齊，右手掌心向下，五指向右，向後方伸出，大指約與胯齊，面向後方，目注右掌。

【應用說明】與前略同，惟雙方

手足之左右互易。

野馬分鬃三

姿勢與應用，與野馬分鬃一略同。

玉女穿梭一

【略釋】玉女穿梭之勢，週行四隅，態度之貞靜，有如玉女之德容，而其動作之敏捷，變轉之伶俐，有如梭之行於錦中。

【姿勢說明】右足自右後方向右方開半步，足根點地。膝微曲，左足不動，而腿下踞，全體

重心移於左足，同時左右手均立掌垂肘，移至胸前，右手五指向上，掌心向前，大指約與鼻齊，左手五指向上，掌心向後，置於右手與胸之間。大指約與喉齊。然後右足向右後方開一步，弓膝，左腿蹬直，全體重心移於右足，同時右手五指向右後方，掌心向上，向右後方伸出，左手五指向右方，掌心向下，向前方伸出。面向前方，目注左掌，然後左足自左前方向右前方開一步，弓膝，右腿蹬直。全體重心，移於左足。同時左手掌心胸向，自右腋下伸出，循右臂外而行，至右手外止。然後左右手掌心外轉，向右前方推出，左手五指向右後方，掌心向右前方，大指約與眉齊。右手五指向上，掌心向右前方，大指約與胸齊。

【應用說明】敵以右手擊我，我以左手搬之，敵後撤其臂而上挑，我即因其力而向外捌更以右手進擊其胸。

玉女穿梭二

【姿勢說明】左右手掌心胸向，交叉置於胸前，右手外而左手內，然後以左足為軸，身體由右前方面右而後而左前方旋轉之，右足由左後方，向左前方開一步，弓膝，左腿蹬直，全體重心移於右足，同時左右手掌心外轉，向左前方推出，右手五指向左後方，掌心向左前方，大指約與眉齊，左手五指向上，掌心向左前方，大指約與

胸齊。

【應用說明】敵自身後以左手擊我，我轉身以右手擴之，敵將身後撤而臂上挑，我則順其力而挒之，更以左手進擊其胸。

玉女穿梭三

姿勢與應用，略同玉女穿梭一。

玉女穿梭四

【姿勢說明】左右手掌心胸向，交叉內抱，右手外而左手內，

同時以左足為軸，身體由左後方而左而前而右而右後方旋轉之，右足向右後方開一步，弓膝，左腿蹬直，全體重心移於右足，同時左右手掌心外轉，向右後方推出，右手五指向右前方，掌心向右後方，大指約與眉齊，左手五指向上，掌心向右後方，大指約與胸齊。

【應用說明】同玉女穿梭二。

下勢

【略釋】下勢者，將身下降以避敵也。

【姿勢說明】左腿伸直下降，幾乎到地。右膝蓋外開，而腿下踞，身體直立，下坐於右腿，亦幾乎到地。同時左右手均立掌

垂肘，置於胸前，惟左掌置於左膝之前方，右掌置於左掌與胸之間耳。

【應用說明】敵鋒不可犯，我將身下降，而腿後坐以避之，靜觀其變。

金雞獨立一

【略釋】金雞獨立之勢，一足著地，一足提起，雙臂上揚，作展翅狀，其瀟灑態有類金雞，故名。

【姿勢說明】左膝漸漸向左方弓，左右手擦地向左方伸

出，亦隨之左進，右腿蹬直，全體重心移於左足。同時左足不動，右膝上提，身體直立，右手置於頂之左上方，五指向後，掌心向左上方，左手置於小腹前之右足側，五指向前，掌心向下。

【應用說明】敵以右手擊我，我以左手搌之，敵上挑，我因彼之力，以右手抛其臂，以右膝進擊其小腹，更以左手乘勢進擊其胸。

金雞獨立二

【姿勢說明】右足下落，左膝上提，左手移於頂之左上方，五指向前，掌心向左上方。右手掌心向下，移於小腹

前，全體重心移於右足。

【應用說明】敵以右手自左後方乘勢而擊我頭，我以左手攌之，以左膝進擊其腹。

十字擺蓮

【略釋】十字擺蓮者，雙手移動，形如十字，同時起腳旁踢，開而復合也。

【姿勢說明】左手立掌向左方推出，右手橫掌移至左腋下，掌心向下，同時左足向左開半步，弓膝，右腿蹬直，全體重心移於左足。然後身體以

左足為軸，由左而前而右旋轉半圓。右手仍居左腋下不動，惟左手移至頂上，掌心向右。然後右腿提起，由前而後，旁撥踢之，同時左手自後而前拍右足面，右手自前面而後亦拍足右面，兩手拍右足面時，略成十字，然後右足落下。

【應用說明】敵自後擊我，我身即後轉，以手撥開敵手，復乘勢以足旁踢之。

摟膝指襠捶

【略釋】摟膝指襠捶者，上步摟膝，乘勢以拳擊敵之襠也。

【姿勢說明】左足右上一步，弓

膝，右腿蹬直，全體重心移於左足，同時右手握拳，向右下方直擊之。左手下摟左膝，復向上而撫右肱，以助其勢，身體仍面右方。

【應用說明】敵以右手擊我，我以左手摟開，乘勢以右拳進擊其襠。

上步七星

【略釋】上步七星者，向前進步作七星勢也，其姿態有類北斗之七星，故名。

【姿勢說明】左膝左弓，右足左進一步，足尖點地，置左足側，全體重心移於左足。同時左右手立掌垂肘交叉移至

胸前，右手外而左手內，大指約與喉齊。

【應用說明】敵方擊我，我以左手外摟敵臂，敵抽身思遁，我即乘勢上步，以右手進擊其胸。

退步跨虎

【略釋】退步跨虎者，身體下踞，有若伏虎之狀。

【姿勢說明】右足右退半步，膝微曲，左足右撤，足尖點地，置右足側，全體重心移於右足，同時左右手下落，向前後分開，兩臂均與肩平，成一直線，惟左手下垂作鈎狀，右手立掌，掌心向前。

【應用說明】敵以右足踢我下部，我以左手向外摟開，復以右手乘勢擊敵之脇。

轉身雙擺蓮

【略釋】轉身雙擺蓮者，將身旋轉，雙手起舞，同時起腳旁踢，開而復合也。

【姿勢說明】右手立掌移至左肩前，以右足為軸，身體由左而前而右而後，至仍面左方止，左足則隨之由後而左而前，至右足之右方落下，同時右手立掌向前方伸出，掌與肩平。左手立掌移至右肩前，然後右足提起，自後而前旁踢之，左右手自前而後先後拍右

足面。而後兩手握拳，置於左脇側，右足向左前方落下。

【應用說明】敵之擊我，我轉身以避敵之擊，復手撥開敵手，而以足從旁踢之。

彎弓射虎

【略釋】彎弓射虎之動作，有若獵夫騎馬張弓射虎之狀。

【姿勢說明】右足向左前方開一步，弓膝，左腿蹬直，全體重心移於右足。同時雙拳拳眼上下相對，右拳上而左拳

下，徐徐移至胸前，然後由前而左循半圓形向左方伸出，右拳約與頂齊，左拳約與胸齊。拳眼仍上下相對。

【應用說明】敵以左手擊我，我以右手攌之，敵欲後撤其臂，我順其力而放之。

合太極

【略釋】合太極者，諸勢練習既畢，動靜歸一，復還其始也。

【姿勢說明】左足左上一步，右足向左上一步，身體自左而前旋轉之，面向前方，身體直立，雙臂下垂，復還元太極勢。

第四章　太極拳打手法總論

第一節　太極拳打手論

打手者，研究懂勁之法也。先師曰：「由著熟，而漸悟懂勁，由懂勁而階級神明。」旨哉言乎！夫究宜如何始能著熟？宜如何始悟懂勁？宜如何階級神明？此本章之所宜急急研究者也。

夫太極拳之各勢既已練習，則當首先注意姿勢是否正確？動作能否自然？待其既正確且自然矣，然後進而練習應用，應用既皆純熟，斯可謂著熟也矣。

雖然，此不過彼往我來之一勢一用而已耳！若彼連用數法或因我之著而變化之，斯時也，則如之何？於是乎懂勁尚焉。

夫懂勁者，因己之不利處，推及彼之不利處也。方我之欲擊敵也，心中必先具一念，然後始擊之也。反是，彼能無此一念乎？雖智愚賢不肖異等，而其先具之一念，未嘗異也。

故彼念既興，我念亦起，真偽虛實，難測異常，苟無一定之主宰，則必至於張皇失措，方恐應敵之不暇，尚何希其致勝哉！

雖然，當擊彼之念既起，則當存心彼我之著法孰速？欲擊之目的孰當？彼未擊至我身也，可否引其落空？或我之動作是否能動於彼先？待既擊至我身也，宜如何變其力之方向，使落不及我身？或能因彼之力，而使其力折回而還彼身。

此等存心，究宜如何始能得之？蓋因我之某處懼彼之擊也，彼之某處亦懼我之擊，此明顯之理也。然而避我之怕擊處，擊彼之怕擊處，則彼欲勝，豈可得也。孫子曰：「知己知彼，百戰百勝。」此之謂也。

方此時也，可謂懂勁也矣。懂勁後，愈練愈精，漸至捨己從人，因敵變化，不思而得，從容中道，非達於神明矣乎？學者，果能盡心研究之，則出奇入妙，將在於是也。是為論。

第二節　太極拳打手歌

輕靈活潑求懂勁，陰陽既濟無滯病，若得四兩撥千斤，開合鼓盪主宰定。

掤攦擠按須認真，上下相隨人難進，任他巨力來打我，牽動四兩撥千斤，引入落空合即出，沾連黏隨不丟頂。

採挒肘靠更出奇，行之不用費心思，果能輕靈並堅硬，得其環中不支離。

彼不動，己不動。彼微動，己先動。似鬆非鬆。將展未展。勁斷意不斷。

第五章　太極拳打手法說明

太極拳之諸勢既已用畢，應用亦有端倪，乃可作進一步之研究，於是乎打手法尚焉。

夫打手者，二人互相對推，藉習運勁發勁之理，剛柔變化之機，先求己之不利處，然後制人。乃再因己之不利而制人。

雖然談之為易，行之為艱。非有心法，胡可得也。余研究打手有年矣。師友過訪，何千百計，然而剛者有之，柔者有之，能得其剛柔相濟者，蓋不多見也。於是不揣愚陋，擇其柔剛既濟之法，簡而易學之方，作圖立說，聊備有志之士，為入道之門云爾。

太極拳打手方向圖

左後	左	左前
後	甲　乙	前
右後	右	右前

太極拳打手法之基本坐腿法一

【姿勢說明】身體面右而立作太極勢，然後左足向右邁出一步，足根點地，足尖翹起，膝微曲，右足不動，而腿下坐。全體重心，移於右足。惟須立身中正，頭正頸

直，涵胸拔背，裹襠護臀。兩臂立掌垂肘向右方提起，漸漸移至胸前，左手五指向上，掌心向後方，大指約與鼻齊。右手五指向上，掌心向後方，置於左手與胸之間。惟大指約與喉齊。虛領頂勁，氣沈丹田，中立不依，忽隱忽現，全體輕靈活潑，出於自然，勿令絲毫遲滯耳。

太極拳打手法之基本坐腿法二

【姿勢說明】身體面右而立作太極勢，然後右足向右方邁出一步，足根點地，足尖翹起，膝微曲，左足不動，而腿下坐。全體重心，移於左足。惟須立身中正，頭

正頸直，涵胸拔背裹襠護臀。兩臂立掌垂肘向右方提起，漸漸移至胸前，右手五指向上，掌心向前方，大指約與鼻齊。左手五指向上，掌心向後方，置於右手與胸之間。惟大指約與喉齊。虛領頂勁，氣沈丹田，中立不依，忽隱忽現，全體輕靈活潑，出於自然，勿令絲毫遲滯耳。

太極拳打手法之基本搭手法一

【姿勢說明】甲乙二人左右對面而立，同作基本坐腿法一，相距約一步遠。然後甲之右腕與乙之右腕相搭，甲之左手貼乙之右肘，乙之左手貼甲之右肘。惟須神舒體

靜，處處輕靈，以待敵之變化耳。

太極拳打手法之基本搭手法二

【姿勢說明】甲乙二人左右對面而立，同作基本坐腿法二，相距約一步遠。然後甲之左腕與乙之左腕相搭，甲之右手貼乙之左肘，乙之右手貼甲之左肘。惟須神舒體靜，處處輕靈，以待敵之變化耳。

掤履擠按打手法

掤履擠按者，四正方練習應敵之法也，為太極拳中之最重要者。然以往諸賢名著，只載其名，而於練習之法，如何應用，未曾提及。以致學者無從學起。今用科學方法將諸法分析說明，待其根基既立，然後從事於採挒肘靠打手法之練習，庶不至望洋興嘆也。

掤之打手法一

【略釋】 掤者，捧也，敵擊我，而我因彼力斜上方捧之，使其力復還於其身，而不得下降也。

【姿勢說明】 甲乙二人左右對面而立，同作基本搭手法一，則甲以右腕搭乙之右腕，甲之左手貼乙之右肘，向乙身之斜上方掤去，同時甲之左膝右弓，右腿蹬直，全體重心，移於左足，面向右方，目注乙面。

【應用說明】 敵為我掤起，

則失其固有之能力，我向右上方承其力而抛擲之。

掤之打手法二

【略釋】同前。

【姿勢說明】甲乙二人左右對面而立，同作基本搭手法一，則乙以右腕搭甲之右腕，乙之左手貼甲之右肘，向甲身之斜上方掤去，同時乙之左膝左弓，右腿蹬直，全體重心移於左足，面向左方目注甲面。

【應用說明】同前，惟右上方為左上方。

掤之打手法三

【略釋】見前。

【姿勢說明】甲乙二人左右對面而立，同作基本搭手法二，則甲之左腕搭乙之左腕，甲之右手貼乙之左肘，向乙身之斜上方掤去，同時甲之右膝右弓，左腿蹬直，全體重心，移於右足。面向右方，目注乙面。

【應用說明】同前一。

掤之打手法四

【略釋】見前。

【姿勢說明】甲乙二人左右對面而立，同作基本搭手法二，則乙以左腕搭甲之左腕，乙之右手貼甲之左肘，向甲身之斜上方掤去，同時乙之右膝左弓，左腿蹬直，全體重心，移於右足。面向左方，目注甲面。

【應用說明】同前二。

握之打手法一

【略釋】握者，舒也，敵掤我，我向斜下方握之，以舒其力。

【姿勢說明】由掤之打手法一，則乙既為甲掤起，乙即涵胸，

將身向後微移，用右手攬甲之右腕，左手貼甲之右肘，向前下方搬之。同時乙之左足尖翹起，右腿下踞，全體重心，移於右足。面向左手，目注甲面。

【應用說明】方我被敵掤起之時，我即因彼之力，向前下方順其力而擬之。

擬之打手法二

【略釋】同前。

【姿勢說明】由掤之打手法

二，則甲既為乙掤起，甲即涵胸，將身向後微移，用右手攬乙之右腕，左手貼乙之右肘，向後下方握之，同時甲之左足尖翹起，右腿下踞。全體重心，移於右足，面向右方，目注乙面。

【應用說明】同前，惟前下方為後下方。

握之打手法三

【略釋】見前。

【姿勢說明】由掤之打手法三，則乙既為甲掤起，乙即涵胸，將身向後微移，用左手攬甲之左腕，右手貼甲之左肘，向後下方握之。同時乙之右足尖翹起，左腿下

踞，全體重心，移於左足。面向左方，目注甲面。

【應用說明】同前二。

攌之打手法四

【略釋】見前。

【姿勢說明】由掤之打手法四，則甲既為乙掤起，甲即涵胸，將身向後微移，用左手攬乙之左腕，右手貼乙之左肘，向前下方攌之，同時甲之右足尖翹起，左腿下踞，全體重心移於左足。面向右方，目注乙面。

【應用說明】同前一。

擠之打手法一

【略釋】擠者，排也，敵之以雙手搌我，我將肱平曲而排擠之，使敵之雙手均避於懷內，而不得移動。

【姿勢說明】由搌之打手法一，則甲因乙之搌，即將右肱平曲，向乙胸間擠去，避其雙手於懷內，同時將左手按右肱以助其勢。並將左膝右弓，右腿蹬直，全體重心移於左足。面向右方，目注乙面。

【應用說明】敵攦我右臂，我將右肱平曲，因彼之攦力，向敵胸間擠去，以避敵之雙手，然後以左手助右肱而拋擲之。

擠之打手法二

【略釋】同前。

【姿勢說明】由攦之打手法二，則乙因甲之攦，即將右肱平曲，向甲胸間擠去，避其雙手於懷內，同時將左手按右肱以助其勢。並將左膝左弓，右腿蹬直。全體重心移於左足。面向左方，目注甲面。

【應用說明】同前。

擠之打手法三

【略釋】見前。

【姿勢說明】由攦之打手法三，則甲因乙之攦，即將左肱平曲，向乙胸間擠去，避其雙手於懷內，同時將右手按左肱以助其勢。並將右膝右弓，左腿蹬直全體重心，移於右足。面向右方，目注乙面。

【應用說明】見前二，惟左手助右肱為右手助左肱。

擠之打手法四

【略釋】見前。

【姿勢說明】由攌之打手法四，則乙因甲之攌，即將左肱平曲，向甲胸間擠去，避其雙手於懷內，同時將右手按左肱以助其勢。並將右膝左弓，左腿蹬直，全體重心移於右足。面向左手，目注甲面。

【應用說明】同前三。

按之打手法一

【略釋】按者，抑也，敵擠我，我下按而抑其力，使其力不能上騰。

【姿勢說明】由擠之打手法一，則乙既被甲擠起，乙即涵胸垂肘，雙手下按，以抑其力。同時左膝左弓，右腿蹬直，全體重心，移於左足。面向左方，目注甲面。

【應用說明】敵以右肱擠我，我即涵胸，將手下按，以抑其力，待其力既空，然後再抛擲之。

按之打手法二

【略釋】同前。

【姿勢說明】由擠之打手法二，則甲既被乙擠起，甲即涵胸垂肘，雙手下按，以抑其力。同時左膝右弓，右腿蹬直，全體重心，移於左足。面向右方，目注乙面。

【應用說明】同前。

按之打手法三

【略釋】見前。

【姿勢說明】由擠之打手法三，則乙既被甲擠起，乙即涵胸垂肘，雙手下按，以抑其力。同時右膝左弓，左腿蹬直，全體重心移於右足。面向左方，目注甲面。

【應用說明】見前。

按之打手法四

【略釋】見前。

【姿勢說明】由擠之打手法四，則甲既被乙擠起，甲即涵胸垂肘，雙手下按，以抑其力。同時右膝右弓，左腿蹬直，全體重心移於右足。面向右方，目注乙面。

【應用說明】見前。

太極拳打手法之基本搭手法三

甲乙二人左右對面而立，相距約一步遠，同作太極勢。然後甲乙各將右臂抬起，甲之右腕與乙之右腕相搭，甲之左手貼乙之右肘，乙之左手貼甲之右肘，身體直立，目均平視。

太極拳打手法之基本搭手法四

甲乙二人左右對面而立，相距約一步遠，同作太極勢。然後甲乙各將左臂抬起，甲之左腕與乙之左腕相搭，甲之右手貼乙之左肘，乙之右手貼甲之左肘，身體直立，目均平視。

採挒肘靠打手法

採挒肘靠打手法者，四隅角練習應敵之法也。然而此法週行四隅，動作較為複雜。故當今國術同志，能者亦甚罕睹，茲用科學方法，將諸一一分析說明，使學者一目了然，循序漸進，不難達於神明也。

採之打手法一

【略釋】採者，摘也，擇而取之之謂，蓋禦敵之時，將敵人之力，向旁牽引，如選物者，先擇而後取之，轉置他方之意也。

【姿勢說明】甲乙二人左右

對面而立，同作基本搭手法三。甲則以右手攬乙之右腕，左手貼乙之右肘，向左後下方採之。同時甲將右足向左後方開一步，雙腿下踞，全體重心移於兩足間之中點，面向右後方，目注乙面。

乙將左足向左後方開一步，右足向甲襠中插入一步，足根點地，足尖翹起。同時將右臂向左後下方伸出，左手撫右肱以助之。面向左前方，目注甲面。全體重心，移於左足。

【應用說明】敵人欲攌我右臂，我平移敵人之力而採之，或擊或擲，皆由我便。

採之打手法二

【略釋】見前。

【姿勢說明】甲乙二人左右對面而立，同作基本搭手法四。甲則以左手攬乙之左腕，右手貼乙之左肘，向左前下方採之。同時將左足向左前方開一步，雙腿下踞，全體重心，移於兩足間之中點。面向右前方，目注乙面。

乙將右足向左前方開一步，左足向甲襠中插入一步，足根點地，足尖翹起。同時將左臂向左前下方伸出，右手撫左肱以助之。面向左後方，目注甲面。全體重心移於右足。

【應用說明】同前，惟右臂為左臂。

挒之打手法一

【略釋】挒者，以手執物而力轉之，蓋禦敵之時，轉移敵人之力，還擊其身也。

【姿勢說明】由採之打手法一，則甲用左手按乙之左腕，右手貼乙之左肘向下按之。同時甲之右足向右後方開一步，左足由乙之右足外提起，向乙之襠中插入一步，足根點地，足尖翹起。同時左臂向右後下方伸出，右手撫左肱以助之。面向右前方，目注乙面。全體重心移於右足。

乙則將左足向右後方開一步，

雙腿下踞，全體重心，移於兩足間之中點。同時左手攬甲之左腕，右手貼甲之左肘，向右後下方攌之，面向左後方，目注甲面。

【應用說明】敵因我之採力，以肩肘來靠我胸，我轉移其力之方向，使敵人之力，還擊於其身。

挒之打手法二

【略釋】見前。

【姿勢說明】由採之打手法二，則甲用右手按乙之右腕，左手貼乙之右肘向下按之。同時甲之右足由乙之左足外提起，向乙之襠中插入一步，足根點地，足

尖翹起，全體重心，移於左足。同時右臂向右前下方伸出，左手撫右肱以助之。面向右後方，目注乙面。

乙將右足向右前方開一步，雙腿下踞，全體重心，移於兩足間之中點。同時右手攬甲之右腕，左手貼甲之右肘，向右前下方攦之。面向左前方，目注甲面。

【應用說明】同前。

肘之打手法一

【略釋】肘者，臂之彎曲處之外側也，應敵之時，因彼之挒力，乘勢以肘擊敵也。

【姿勢說明】由挒之打手法

一，則甲將左臂上撥，同時將左足抽出，向左前方開一步，雙腿下踞，全體重心移於兩足間之中點。並以左手攬乙之左腕。右手貼乙之左肘，向左前下方搬之。面向右前方，目注乙面。

乙因甲之撥力，用左掌向甲之面部撲擊，並以右手按甲之左肘，向左前下方挒之。同時右足向左前方開一步，左足向甲襠中插入一步，足根點地，足尖翹起。左臂向左前下方伸出，以右手撫左肱以助之。面向左後方，目注甲面。

【應用說明】敵既將我挒起，我因其力向前進身，乘勢以肘擊敵之胸。

肘之打手法二

【略釋】見前。

【姿勢說明】由挒之打手法二，則甲將右臂上撥，同時將右足抽出，向左後方開一步，雙腿下踞，全體重心移於兩足間之中點。並用右手攬乙之右腕，左手貼乙之右肘。向左後下方擺之。面向右後方，目注乙面。

乙因甲之撥力，用右掌向甲之面部撲擊，並以左手按甲之右肘，向左後下方擺之。同時左足向左後方開一步，右足向甲襠中插入一步，足根點地，足尖翹起。右臂向左後下方伸出，以左手撫右肱以助之。面向左前方，

目注甲面。

【應用說明】同前。

靠之打手法一

【略解】靠者，依他物以為安固之謂，於應敵之際，因敵力向前身，乘勢以肩靠之。

【姿勢說明】由肘之打手法一則甲以右手按乙之右腕，左手貼乙之右肘，向下按之，同時甲之右足由乙之左足外提起，向乙之襠中插入一步，足根點地，足尖翹起，全體重心移於左足。同

時右臂向右前下方伸出，左手撫右肱以助之，面向右後方，目注乙面。

乙將右足向右前方開一步，雙腿下踞，全體重心移於兩足間之中點。同時右手攬甲之右腕，左手貼甲之右肘，向左前下方搌之。面向左前方，目注甲面。

【應用說明】敵採我，我即因彼之力以肩靠敵之胸。

靠之打手法二

【略釋】見前。

【姿勢說明】由肘之打手法二，則甲以左手按乙之左腕，右手貼乙之

左肘，向下按之，同時甲之左足由乙之右足外提起，向乙之襠中插入一步，足根點地，足尖翹起，全體重心，移於右足。同時左臂向右後下方伸出，右手撫左肱以助之。面向右前方，目注乙面。

乙將左足向右後方開一步，雙腿下踞，全體重心移於兩足間之中點。同時左手攬甲之左腕，右手貼甲之左肘，向右後下方擺之。面向左後方，目注甲面。

【應用說明】同前。

後記

老拳譜叢書出版後，得到了社會和武術界朋友的關注和認可。許多讀者來函來電提出了寶貴的建議，提供了不少有關的資訊和線索，更有一些有志於弘揚中華武術的仁人志士，千里迢迢專程送來珍藏已久的拳譜、拳書。對大家的這種厚愛和支持，我們在此表示衷心的感謝。

我們策劃的老拳譜叢書，古今兼顧是其基本特點。它既將歷史上遺留散佚的各種拳譜、拳經、拳訣等收集、整理、研究和加工，去粗取精，還其原貌，奉獻給大家；同時，還為廣大武術愛好者提供了內容詳實、拳理拳法清晰明瞭、特點鮮明和具有代表性的一流拳學著作。這是一個浩大的工程，需要武術界朋友的支持和鼓勵，更需要社會各界的參與和宣傳。

專管內家書籍、拳學資料和資訊為主的意源書社對我們的工作給予了極大的支持和無私的奉獻，不僅提供了兩輯古拳譜叢書的原版本，還竭力溝通有志於弘揚傳統武術的理論工作者和各門派門名師與出版社的聯繫，使老拳譜叢書的涵蓋面更加豐富，並具連續性。

我們誠邀更多熱愛中華武術的社會各界人士和武術界朋友加入我們的隊伍中來，與我們攜手合作，共同拓展、豐富這片領域，為中華傳統武術的傳承和發揚光大，盡我們的綿薄之力。

太極武術教學光碟

太極功夫扇
五十二式太極扇
演示：李德印 等
(2VCD)中國

夕陽美太極功夫扇
五十六式太極扇
演示：李德印 等
(2VCD)中國

陳氏太極拳及其技擊法
演示：馬虹(10VCD)中國
陳氏太極拳勁道釋秘
拆拳講勁
演示：馬虹(8DVD)中國
推手技巧及功力訓練
演示：馬虹(4VCD)中國

陳氏太極拳新架一路
演示：陳正雷(1DVD)中國
陳氏太極拳新架二路
演示：陳正雷(1DVD)中國
陳氏太極拳老架一路
演示：陳正雷(1DVD)中國
陳氏太極拳老架二路
演示：陳正雷(1DVD)中國
陳氏太極推手
演示：陳正雷(1DVD)中國
陳氏太極單刀・雙刀
演示：陳正雷(1DVD)中國

郭林新氣功
(8DVD)中國

本公司還有其他武術光碟
歡迎來電詢問或至網站查詢
電話：02-28236031
網址：www.dah-jaan.com.tw

原版教學光碟

歡迎至本公司購買書籍

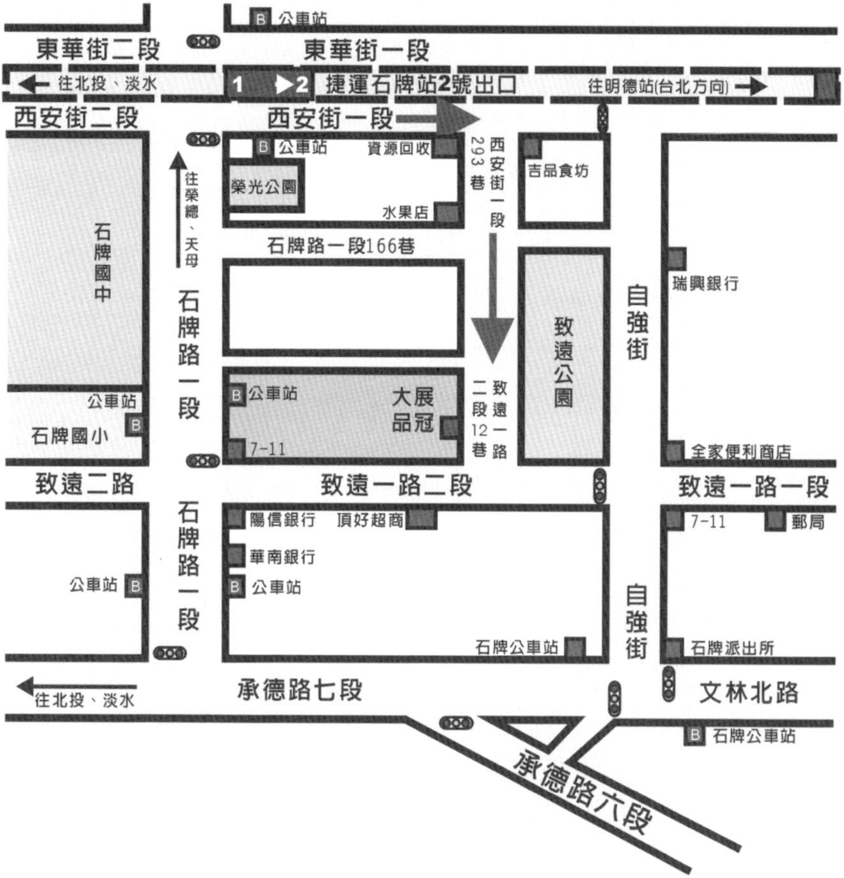

建議路線

1.搭乘捷運・公車

淡水線石牌站下車，由石牌捷運站２號出口出站(出站後靠右邊)，沿著捷運高架往台北方向走(往明德站方向)，其街名為西安街，約走100公尺(勿超過紅綠燈)，由西安街一段293巷進來(巷口有一公車站牌，站名為自強街口)，本公司位於致遠公園對面。搭公車者請於石牌站(石牌派出所)下車，走進自強街，遇致遠路口左轉，右手邊第一條巷子即為本社位置。

2.自行開車或騎車

由承德路接石牌路，看到陽信銀行右轉，此條即為致遠一路二段，在遇到自強街(紅綠燈)前的巷子(致遠公園)左轉，即可看到本公司招牌。

國家圖書館出版品預行編目資料

國術太極拳／吳圖南 著
——初版——臺北市，大展，2015[民104.10]
面；21公分——（老拳譜新編；24）
ISBN 978-986-346-085-5（平裝）
1.拳術
528.972　　　　104015539

國術太極拳

著　　者／吳　圖　南
責任編輯／王　躍　平
發 行 人／蔡　森　明
出 版 者／大展出版社有限公司
社　　址／台北市北投區（石牌）致遠一路2段12巷1號
電　　話／(02) 28236031・28236033・28233123
傳　　真／(02) 28272069
郵政劃撥／01669551
網　　址／www.dah-jaan.com.tw
E-mail／service@dah-jaan.com.tw
登 記 證／局版臺業字第2171號
承 印 者／傳興印刷有限公司
裝　　訂／眾友企業公司
排 版 者／千兵企業有限公司
授 權 者／山西科學技術出版社
初版1刷／2015年（民104年）10月

定　價／200元

大展好書　好書大展
品嘗好書　冠群可期

大展好書　好書大展
品嘗好書　冠群可期